Schlesien

Schlesien

Fotos Marek Maruszak Text Arne Franke

Ellert & Richter Verlag

6 Schlesien – mitten in Europa
8 Geschichtliche Skizze
14 Görlitz und die östliche Oberlausitz
16 Das nördliche Schlesien bis zur Oder
20 Durch die schlesische Heide über Liegnitz nach Breslau
26 Von Vratislavia über Breslau nach Wrocław
36 Land an der Bartsch
40 Oppeln und Oberschlesien
44 Oberschlesisches Industrierevier
50 Eichendorff und Beethovens Vierte
56 Mittelschlesien und der Zobten
64 Die Grafschaft Glatz und das Waldenburger Bergland
70 „Schlesisches Elysium“
78 Über das Isergebirge zurück nach Görlitz

Inhalt

Schlesien – mitten in Europa

Seit Anfang des Monats bin ich in diesem zehnfach interessanten Lande, habe schon manchen Theil des Gebirgs und der Ebne durchstrichen und finde, dass es ein sonderbar schönes, sinnliches und begreifliches Ganzes macht" – unendlich oft, so scheint es, ist dieser Satz aus der Feder Goethes, der 1790 das Land an der Oder bereiste, in der deutschen und polnischen Literatur zu Schlesien zitiert worden. Und wirklich, was für seine Zeit galt, in der die Universitätsstadt Breslau, die aufblühende Schwerindustrie in Oberschlesien oder die imposante Landschaft des Riesengebirges zahllose Reisende des Bildungsbürgertums nach Schlesien brachten, gilt heute, nach Glasnost, Mauerfall und dem Beitritt Polens zur Europäischen Union, mehr denn je. Mit zunehmender Intensität drängt sich nun die Kulturlandschaft jenseits des einstigen „Eisernen Vorhangs" wieder in das Bewusstsein der Öffentlichkeit.

Im Nahtbereich zwischen den slawischen Bevölkerungsgruppen im Osten und dem Heiligen Römischen Reich Deutscher Nation gelegen, kam dem Land seit dem Mittelalter als Kulturträger eine vermittelnde Brückenfunktion zwischen West- und Osteuropa zu. Unter wechselnden Herrschaften aus Polen, Böhmen, Österreichisch-Habsburg, Preußen und Deutschland gelangten eine Vielzahl von Einflüssen in das Land, die hier aufgesogen, transformiert und an die angrenzenden Regionen weitergegeben wurden. Gleichzeitig bildete sich eine kulturell wie architektonisch schlesische Identität heraus, die durch Individualität, Toleranz und Traditionsbewusstsein charakterisiert war.

Mit den Schrecken des Zweiten Weltkriegs und den daraus resultierenden inhumanen Vertreibungen angestammter Völker von Osten nach Westen wurde der bisherigen kulturellen Kontinuität eine kaum verkraftbare Zäsur gesetzt. Nur allzu sichtbar spiegelte sich diese in der Verwahrlosung des Landes und dem traurigen Zustand der an historischer Architektur einst so reichen Kulturlandschaft sichtbar wider. Nun bildeten die zerfallenden Bauten eher eine traurig-düstere Staffage für den nur zu oft belächelten „Heimwehtourismus" der einstigen deutschen Bewohner, denen es seit den 1960er Jahren vorbehalten schien, wieder dorthin zu reisen, wo Generationen vor ihnen eine faszinierende Kultur geschaffen hatten.

Dies hat sich, in vielfacher Weise, seit der politischen Wende geändert. Heute ist diese im Aufbruch begriffene Region Polens von deutscher Seite aus gesehen weit mehr als das Land des „Stonsdorfer Kräuterlikörs" und der manchen nur noch aus der Werbung geläufigen Schneekoppe, und sie ist mehr als der Begehrnishappen einer dubiosen „preußischen Treuhand". Von polnischer Seite aus gesehen ist sie inzwischen auch mehr als ein Experimentierfeld preußischen Militarismus, ostelbischen Landjunkertums und kapitalistischer Bourgeoisie, sondern Heimat einer heranwachsenden Generation junger Menschen, die sich aus wirtschaftlichem, wissenschaftlichem und touristischem Interesse dafür einsetzen, das Land mit seinem gemeinsamen Kulturerbe wieder zu einem integralen Bestandteil Mitteleuropas zu machen.

Die schon im 16. Jahrhundert angelegten Teiche von Giersdorf/Podgórzyn südwestlich von Hirschberg/Jelenia Góra sicherten mit ihrem Fischreichtum der nahe gelegenen Zisterzienserpropstei in Bad Warmbrunn/Cieplice-Zdrój die Speiseversorgung der Mönche, die kein Fleisch essen durften und deshalb seit dem Mittelalter die Fischzucht förderten.

Geschichtliche Skizze

Nur kurz sei an dieser Stelle in Umrissen die Landesgeschichte skizziert, der mit ihrer Kontinuität und ihren vielen Brüchen auf vielen Wegen durch Schlesien nachgespürt werden kann. Gut ablesbar ist sie an der Architektur, die wie kaum ein anderes Medium so zahlreiche Einflüsse der einzelnen Epochen reflektiert und diese in den Fassaden der Wohnhäuser, Schlösser und Kirchen mitteilt. Auch in die Landschaft hat sich die reichhaltige Geschichte im wahrsten Sinne des Wortes eingepflügt – Waldhufen- und Straßendörfer berichten von der Besiedlung im 13. und 14. Jahrhundert, die Wunden der Erdoberfläche in Oberschlesien und im Waldenburger Bergland von der Durchdringung mit der Industrialisierung des 19. und 20. Jahrhunderts und das Waldsterben in Riesen- und Isergebirge vom sozialistischen Raubbau an Ressourcen und Natur sowie den damit verbundenen Umweltproblemen in Böhmen und Schlesien. Die zunehmende Zersiedlung der Landschaft, die sich gerade in Mittelschlesien wuchernd ausbreitet, berichtet schließlich vom Ringen des Landes um den Anschluss an ein scheinbar so hoch entwickeltes Westeuropa und vom Bedürfnis der postsozialistischen Bevölkerung, ihren neu gewonnenen Individualismus architektonisch ungehemmt ausleben zu dürfen.

Zwei wichtige Hauptadern durchziehen das Brückenland Schlesien, die von höchster Bedeutung für die geschichtliche Entwicklung des Landes waren. Zum einen war es die „Hohe Straße“, zeitweise auch als unter königlichem Schutz stehende Straße „Via Regia“ benannt, die als eine der bedeutendsten Altstraßen Europas von Santiago de Compostela über Paris, Frankfurt und Leipzig nach Görlitz, von hier über Schlesien mit Breslau nach Krakau und Kiew führte und neben Menschenströmen und Waren auch Wissen und Know-how von West nach Ost und umgekehrt transportierte. Als zweite Hauptachse durchzieht der Strom der Oder als träge fließendes Band und einst wichtiges logistisches und wirtschaftliches Rückgrat das Land, das mit dem 10. Jahrhundert in das Licht der Geschichte trat.

Eingespannt zwischen dem südlich der Sudeten erstarkenden Přemyslidenreich Böhmen, dem nordöstlich von Schlesien entstandenen polnischen Herzogtum sowie dem Heiligen Römischen Reich im Westen war das Land der Zankapfel zwischen den Machtbereichen Polens und Böhmens.

Nach dem „Glatzer Pfingstfrieden“ 1137, der zunächst den polnischen Anspruch bestätigte, zerfiel das fragile Königreich Polen in einzelne Herzogtümer. Die Herzöge in Schlesien, deren herausragende Persönlichkeit Heinrich I. der Bärtige (1163–1238) war, lockten mit Steuerprivilegien deutsche Siedler in das dünn besiedelte Land. Hier gründeten diese rund 1200 Dörfer und über 130 Städte nach deutschem Recht.

Heinrichs Gattin Hedwig (1174–1243), aus dem Hause Andechs-Meranien stammend, sicherte mit zahlreichen Kloster- und Spitalsgründungen die geistliche und karitative Versorgung der Kolonisten. Dieses Lebenswerk bescherte ihr bereits 24 Jahre nach ihrem Tod die Heiligsprechung – und von deutscher wie von polnischer Seite höchste Verehrung als Schutzpatronin und Landesmutter.

Die Fresken der Klosterkirche von Wahlstatt/Legnickie Pole wurden 1733 von Cosmas Damian Asam geschaffen. Der Bildausschnitt zeigt die Auffindung des Kreuzes durch die heilige Helena. Das erste Benediktinerkloster an diesem Ort geht auf die heilige Hedwig zurück, die es nach dem Mongolensturm (1241) bei Wahlstatt gründete. In der Schlacht verlor ihr Sohn, Herzog Heinrich II., das Leben.

Das Jahr 1241 hat sowohl in der polnischen als auch in der deutschen Geschichtsschreibung eine besondere, verbindende Bedeutung. Am 9. April des Jahres bot südlich von Liegnitz ein aus Deutschen und Polen rekrutiertes Heer unter Führung des piastischen Herzogs Heinrich II. der Streitmacht der nach Mitteleuropa hereinbrechenden Mongolen die Stirn. Obwohl der Herzog auf der „Wahlstatt", wie der Ort später genannt wurde, fiel und die Schlacht verloren wurde, trug das Land den Sieg davon, da sich das tatarische Kriegsvolk nun nach Südosten wandte und Schlesien wieder dem christlichen Abendland überließ.
In der Folgezeit zerfiel Schlesien in kleine Herzogtümer, die sich im Laufe des 13. Jahrhunderts zunehmend aus der polnischen Hegemonie herauslösten und sich dem Königreich Böhmen, das vermeintlich mehr Schutz bot, unterstellten. Im Vertrag von Trenčín 1335 gab Polen seinen Anspruch auf Schlesien auf, das damit Nebenland der böhmischen Krone und in Folge dessen Teil des Heiligen Römischen Reichs Deutscher Nation wurde.
Zweihundert Jahre unter böhmischer Herrschaft bescherten dem Land zu Anfang des 15. Jahrhunderts die grausamen Kriegszüge der Hussiten, aber auch ein Aufblühen von Wirtschaft und Handel – und so auch der städtischen Kultur, die sich in zahllosen gotischen Sakral- und Profanbauten bis heute widerspiegelt.
Mit dem Tod des Böhmen- und Ungarnkönigs Ludwig II. auf dem Feld von Mohács im Jahr 1526 fielen Böhmen und Schlesien an die Krone Habsburgs, die das Geschick des Landes über weitere zweihundert Jahre lenkte und Schlesien zu einem der wohlhabendsten Kronländer machte. Gleichzeitig gelang es Habsburg jedoch nicht, die Kraft der Reformation, die Schlesien bereits früh erfasst hatte, trotz immer rigoroserer Drangsale der Gegenreformation zu bändigen. Zerstört, demoralisiert, aber immer noch weitgehend evangelisch, ging Schlesien schließlich aus dem Gemetzel des Dreißigjährigen Kriegs (1618–1648) hervor und nur scheinbar hatte sich der Katholizismus durchgesetzt, der mit prunkvollen barocken Kirchen- und Klosterbauten seinen Sieg über die Protestanten weithin sichtbar demonstrierte. Letzteren blieben nach der Enteignung ihrer Sakralbauten lediglich die drei Friedenskirchen von Schweidnitz, Jauer und Glogau, die die Schlussakte des Westfälischen Friedens 1648 den Unterlegenen zugestanden hatte.
1707 nötigte Karl XII. von Schweden, dessen jugendliches Ungestüm Anfang des 18. Jahrhunderts fast ganz Osteuropa in den Großen Nordischen Krieg hineinzog, Kaiser Joseph I. zur Altranstädter Konvention, durch die die unterdrückten Protestanten aus der freilich teuer bezahlten „Gnade" des Kaisers sechs weitere Gotteshäuser, die so genannnten Gnadenkirchen in Hirschberg, Landeshut, Sagan, Freystadt, Militsch und Teschen errichten durften.
1740 riss Friedrich II. von Preußen mit der Annexion Schlesiens das Land aus dem fest gefügten System des Kaiserreiches heraus. Seine gewaltsame Landnahme, mit fadenscheinigen Erbansprüchen auf das Herzogtum Jägerndorf begründet, riss Schlesien in einen Strudel von drei Kriegen, die im Schlussakkord des Hubertusburger Friedens 1763 zugunsten

Preußens entschieden wurden. Für die Protestanten brachte der Machtwechsel eine große Erleichterung, da Friedrich den Bau neuer Bethäuser gewährte, die fortan in so großer Zahl entstanden, dass sie neben den Schlössern und Herrenhäusern entscheidend die Kulturlandschaft Schlesiens prägten.
Während der Napoleonischen Kriege (1807–1812), die das Land durch die Flucht der Hohenzollernfamilie nach Königsberg und durch die Kriegskontributionen schwächten, formierte sich in Schlesien die Erhebung gegen den Korsen, die 1813 im Breslauer Aufruf König Friedrich Wilhelms III. „An mein Volk“ und in der Stiftung des „Eisernen Kreuzes“ gipfelte. Nach den Kriegen bildete sich jedoch insbesondere im Eulengebirge mit dem Zentrum Reichenbach ein neuer Krisenherd durch die völlige Verarmung der Leineweber, die ihre Produkte durch die englische Vormachtstellung sowie die zunehmende Industrialisierung kaum noch gewinnbringend absetzen konnten. Die unvorstellbare Not wurde durch die Weberaufstände 1844, denen Gerhart Hauptmann mit dem Drama „Die Weber“ ein literarisches Denkmal setzte, in aller Welt öffentlich.
Oberschlesien war zwischenzeitlich durch die rasend schnell fortschreitende industrielle Entwicklung zum zweitgrößten Industrierevier Deutschlands herangewachsen, doch die sozialen Spannungen innerhalb des hier zusammengepferchten Proletariats, das sich aus deutschen Oberschlesiern, galizischen Landarbeitern und russisch-polnischen Einwanderern zusammensetzte, wurden stärker und entluden sich nach dem Ersten Weltkrieg in einem nationalen Konflikt. Hatte Oberschlesien mit dem Versailler Vertrag 1919 schon im Norden und Süden Gebietseinbußen hinnehmen müssen, so kam es nach drei polnischen Aufständen und trotz einer 1921 durchgeführten Volksabstimmung, bei der selbst zahlreiche Angehörige des fast 70-prozentigen polnischen Bevölkerungsanteils für den Verbleib bei Deutschland votierten, zur Abtretung des ostoberschlesischen Industriereviers mit rund vier Fünfteln der gesamten Industrieanlagen an Polen. Dieser „Schatten von Versailles“ brachte später dem revisionistischen Hitler-Regime zusätzlichen Zündstoff, der letztlich mit zum Grauen des Zweiten Weltkriegs führte.
In diesem galt Schlesien, unerreichbar für die angloamerikanischen Bomberverbände, als „Reichsluftschutzkeller“, den zu Ende des Kriegs auch die Flüchtlingsströme aus dem Osten überschwemmten. Mit ihnen flohen viele Schlesier vor den sowjetischen Truppen zunächst nach Westen, um nach Kriegsende bald wieder in ihre Heimat zurückzukehren. Dort fanden sie jedoch bereits die ersten polnischen Neusiedler vor, zumeist befreite Zwangsarbeiter und entwurzelte Menschen aus den zerstörten Städten Zentralpolens. Auf der Potsdamer Konferenz im Sommer 1945 wurde mit der Westverschiebung Polens die Zwangsaussiedlung aller Deutschen „in ordnungsgemäßer und humaner Weise“ beschlossen – der Schrecken der zuvor bereits praktizierten „wilden Vertreibungen“ erhielt nun seine offizielle Legitimation. Über siebenhundert Jahre kultureller und historischer Kontinuität wurden so durch die bar-

barische Aggression des nationalsozialistischen Regimes mit dem Exodus von mehr als 1,5 Millionen Menschen aus den deutschen Ostgebieten und damit nahezu der gesamten Bevölkerung Niederschlesiens beendet. Ausgenommen davon waren die Autochthonen Oberschlesiens, die, nach polnischer Ansicht, nur oberflächlich germanisiert waren und deren „Repolonisierung" für wahrscheinlich gehalten wurde.

Mit der Vertreibung kamen in langen Trecks polnische Vertriebene als „Repatriierte" aus den an die Sowjetunion abgetretenen Ostgebieten in ihr vermeintliches, aber doch so fremdes Heimatland. Nur allmählich lebten sich diese in den „wiedergewonnenen Westgebieten", unter die auch Schlesien subsumiert wurde, ein – stets in der Furcht, dass die vertriebenen deutschen Bewohner wiederkommen würden. Nur so ist zu erklären, warum das ohnehin schwer in Mitleidenschaft gezogene Land zusehends verwahrloste und bis dahin noch gut erhaltene Altstädte zerfielen. Erst Anfang der 1960er Jahre gab es stärkere Bemühungen zum Erhalt historischer Bausubstanz, doch was an Architektur offensichtlich preußisch war, fiel als Symbol einer feindlich gesinnten Feudalkultur weiterhin der Verwahrlosung anheim, wohingegen die piastisch interpretierbare, mittelalterliche Architektur als Legitimation des historischen Anspruchs auf das Land gut gepflegt wurde.

Mit „Solidarność", dem Fall des „Eisernen Vorhangs", dem Abschluss der deutsch-polnischen Nachbarschaftsverträge 1991 und dem Beitritt zur Europäischen Union 2004 hat sich Polen nun endgültig wieder dem Westen zugewandt, und damit auch verstärkt der Pflege des jahrhundertealten Kulturerbes Schlesiens, das nun als „gemeinsames Kulturgut" objektiv als Kulturleistung betrachtet und erforscht wird – und so den einst entwurzelten Menschen eine neue Identität stiftet.

So erfüllt sich der Satz des Schriftstellers Will-Erich Peuckert, der, bereits 1939 das Kriegsende vorausahnend, schrieb: „Man könnte Schlesien von der Landkarte tilgen, man könnte die Schlesier aus dem Land vertreiben oder sie verpflanzen, das Wesen Schlesiens würde fort und fort bestehen."

Das im 17. Jahrhundert als Spätrenaissancebau errichtete Schloss von Kreisau/Krzyżowa ist nach der Renovierung mit Hilfe der Stiftung für deutsch-polnische Zusammenarbeit in Warschau ein wichtiges Symbol für die Aussöhnung von Deutschen und Polen geworden. 1867 bekam Generalfeldmarschall Helmuth von Moltke das Schloss für seine Siege im Preußisch-Österreichischen Krieg (1866) als Geschenk. Der letzte Gutsbesitzer Helmuth James von Moltke gründete hier den so genannten Kreisauer Kreis des Widerstands gegen die Nationalsozialisten. Er wurde am 23. Januar 1945 in Berlin-Plötzensee hingerichtet.

Görlitz und die östliche Oberlausitz

Willkommen in der größten niederschlesischen Stadt der Bundesrepublik Deutschland" – so oder ähnlich lauten die Hinweisschilder, wenn man sich Görlitz nähert. Also, deutsches Schlesien, noch immer lebendig? Nun, was den westlichsten Teil des preußischen Schlesiens anbetrifft, lässt sich die Frage positiv beantworten.
Mit der Niederlage des Königreichs Sachsen, das an der Seite Napoleons Anfang des 19. Jahrhunderts Preußen die Stirn geboten hatte, wurden große Teile der bis dahin sächsischen Oberlausitz mit Görlitz als wichtigster Stadt abgetrennt und der preußischen Provinz Schlesien zugeschlagen. Weit bis nach Westen reicht dieser Zipfel, an dessen Ende die Stadt Hoyerswerda liegt. Seit der Wiedervereinigung 1990 zum Freistaat Sachsen gehörig, werden im verbliebenen Teil Schlesiens wieder wie selbstverständlich nun zu offiziellen Anlässen neben der sächsischen Flagge die schlesischen Landesfarben gelb-weiß aufgezogen – und der alte Landkreis Görlitz erhielt nach der Gebietsreform 1994 den Namen „Niederschlesischer Oberlausitzkreis". So wird hier schlesisches Bier gebraut, eine „Schlesische Schatztruhe" bietet eine Fülle von Büchern zum Thema an und das traditionelle „schläsische Himmelreich" erhält man in vielen Gaststätten der Stadt.
Görlitz ist heute ein idealer Ausgangspunkt für eine Reise in das Land östlich der Neiße. Nicht nur, dass hier das zentrale „Schlesische Museum" seinen Sitz direkt am Untermarkt hat und die Reisenden bestens auf eine Fahrt in das Land jenseits der Neiße einstimmen hilft, hier ist, wie in keiner anderen Stadt, die scharfe Teilung Schlesiens durch die Oder-Neiße-Grenze ganz besonders deutlich, denn es gibt eine deutsche und eine auf der östlichen Flussseite liegende polnische Stadthälfte. So steht als steinernes Architekturkompendium eine der schönsten Altstädte Deutschlands dem prosperierenden und überaus lebendigen, aber städtebaulich weniger attraktiven Zgorzelec, dem einstigen Ost-Görlitz, gegenüber.
Die bedeutendsten Sehenswürdigkeiten auf deutscher Seite sind über 3000 eingetragene mittelalterliche und neuzeitliche Baudenkmäler, darunter ein 1481 entstandener Nachbau des Heiligen Grabs in Jerusalem, die Peterskirche mit ihrer weltweit bekannten Sonnenorgel sowie eines der größten noch zusammenhängend erhaltenen Gründerzeitviertel Deutschlands, das von einem prahlenden Reichsdeutschland nach 1871 erzählt.
Zgorzelec hingegen hat architektonisch nur die dem Berliner Reichstag nicht unähnliche, wenn auch viel kleinere Oberlausitzer Gedenkhalle, heute als Kulturhaus genutzt, sowie das knallrote Wohnhaus des Görlitzer Mystikers Jakob Böhme zu bieten, wenn man von den vielen Tankstellen und einem monströsen Supermarkt an der Stadtgrenze absieht, die nach wie vor die beliebtesten Ausflugsziele vieler Besucher sind. Seit 2004 führt am östlichen Ende der am Untermarkt beginnenden Neißstraße die Altstadtbrücke zum östlichen Ufer, wo man begonnen hat, die nach dem Krieg abgerissenen barocken Wohnhäuser als Pendant zur westlichen Altstadt wieder aufzubauen. Und wenn es nach dem Willen der Gestalter einer vielleicht zukünftigen Kulturhauptstadt Görlitz/Zgorzelec des Jahres 2010 geht, die mit dem Motto „From the middle of nowhere to the heart of Europe" werben, wird bald ein einzigartiger Brückenpark mit der Nutzung brachliegender Gebäude beiderseits des Flusses für experimentelle Kunstprojekte die beiden Grenzstädte kulturell und städtebaulich wieder verbinden.

Auf dem westlichen Neißeufer steht die Peterskirche, eine großartige Hallenkirche aus dem 15. Jahrhundert. Ihre erst 1889 bis 1891 errichteten Turmhelme sind das Wahrzeichen von Görlitz/Zgorzelec. Links neben der Kirche ist das Waidhaus zu sehen, das als Freihof der Burganlage entstanden ist und seit der Renaissance als Speicher für die Färberpflanze Waid genutzt wurde. Das kleine Gebäude über der Uferterrasse, das im Untergeschoss ein kleines Flusskraftwerk birgt, beherbergt heute die östlichste Gaststätte Deutschlands.

Das nördliche Schlesien bis zur Oder

Von Görlitz ist es nur ein kurzer Weg, der Neiße nach Norden folgend, in das künstlich geschaffene Paradies des legendenumrankten Fürsten Pückler in Bad Muskau, der hier zu Anfang des 19. Jahrhunderts aus einer kargen Heidelandschaft einen der schönsten Landschaftsgärten des alten Deutschland schuf. Heute ist der inzwischen wieder viel besuchte Park, der einst zu den berühmtesten in Deutschland zählte, ein Symbol für die länderübergreifende Zusammenarbeit. Da der größte Teil der Parkanlage jenseits der Neiße liegt, wurde hier ebenfalls ein neuer Brückenschlag gemacht, um den kleineren deutschen Teil des Parks mit dem weitläufigen, bis 1992 völlig verwilderten Landschaftspark am polnischen Ufer zu verbinden.
Eine weitere berühmte Residenz liegt etwa 50 Kilometer östlich von Bad Muskau im polnischen Sagan/Żagań. In dem bedeutenden Schloss, einer frühbarocken Dreiflügelanlage, das Albrecht von Wallenstein als Herzog von Sagan sechs Jahre vor seinem gewaltsamen Tod in Auftrag gab und das bis 1945 den Nachkommen des Diplomaten Talleyrand gehörte, stand bis 1945 der „grüne Tisch“, an dem dieser während des Wiener Kongresses 1814/15 das Schicksal Europas nach dem Sturz Napoleons mit bestimmte.
Weiter nördlich erstreckt sich das Lebuser Land/Ziemia Lubuska mit dessen Zentrum Grünberg/Zielona Góra, das als nördlichstes Weinanbaugebiet Europas eine sehr alte Tradition hat. Schon im 14. Jahrhundert wurden Traminerreben in die Stadt gebracht, die in dem milden Klima der Südhänge gut gediehen. Zwar ist der Weinbau mit dem Ende des Zweiten Weltkriegs, sofern man von einigen privaten Experimenten der letzten Jahre absieht, abgestorben, doch ist die nahezu unversehrt aus dem Krieg hervorgegangene Stadt dank einer engagierten Stadtregierung zu einem Einkaufs- und Kulturzentrum der infrastrukturell eher schwach entwickelten Region geworden. Von hier erschließt sich mit einem der größten Waldgebiete des heutigen Polens, der Lebuser Seenplatte und den nahen Oderniederungen eine stille Landschaft von großem Freizeitwert.
Der Oder, die hier gemächlich und träge durch das so genannte Neiderland fließt, Richtung Osten folgend, geht es an Neusalz/Nowa Sól vorbei, dessen einst größter niederschlesischer Hafen inzwischen restlos verwaist ist, zur einstigen Festungsstadt Glogau/Głogów. Diese, an einem wichtigen Oderübergang auf der späteren Dominsel inmitten des Stroms zu Anfang

Blick vom Marktplatz in Grünberg/Zielona Góra zum 1828 errichteten Turm der einst evangelischen Stadtpfarrkirche „Zum Garten Christi“, die nach 1945 zur katholischen Muttergottes-Kirche wurde. Da in Habsburger Zeit (bis 1740) keine evangelischen Kirchen gebaut werden durften, errichtete ab 1748 Bauinspektor Hedemann den äußerlich eher schlichten Fachwerkbau. Im Inneren ist er mit drei übereinander getürmten Emporen und einem reizvollen Altar ausgestattet. Der barocke Altar birgt heute im Zentrum eine Kopie der „Schwarzen Madonna von Tschenstochau/Częstochowa“, die der Kirche ihren Namen gab.

des 11. Jahrhunderts gegründet, liegt heute am Rande eines nach dem Zweiten Weltkrieg erschlossenen Kupferbergbaugebiets, das sich südlich in Richtung Liegnitz/Legnica erstreckt. Die Stadt mit ihren neu entstandenen Bergarbeitersiedlungen aus wenig attraktiven Plattenbauten profitiert zwar von den über 400 000 Tonnen Kupfer, die jährlich hier ans Tageslicht befördert werden, doch sind die Wunden des Zweiten Weltkriegs noch allgegenwärtig. Erst vor wenigen Jahren wurde begonnen, die zu mehr als 90 Prozent zerstörte Altstadt wieder aufzubauen. Ein städtebauliches Experiment, das noch gewagter ist als die rekonstruierende Wiedererrichtung des Dresdner Neumarkts. Zwar werden hier nur kleinteilige Adaptionen an die historische Stadtgestalt errichtet, aber offenbar konnten sich Architekten, Bauherren und Stadtverwaltung nicht darauf einigen, ob das Ganze mehr ein zweites „Eurodisney" oder ein postmodernistischer Architekturaufguss werden soll – anders zumindest ist das Sammelsurium an unterschiedlichen Gestaltungselementen und ausgesprochen gewagter Farbgebung kaum zu erklären. Doch, allem Geschmack zum Trotz, gilt es längst als „schick", die Altneustadt zu bewohnen, so dass sich zunehmend urbanes Leben in der einstigen Geisterstadt entwickelt. Was von den wenigen historischen Bauten geblieben ist, wie das Schloss an der Oder, das alte Rathaus oder die Jesuitenkirche, wurde inzwischen restauriert oder, wie der bedeutende Dom, zumindest denkmalpflegerisch gesichert. Nur das klassizistische Stadttheater, dessen Portikus einst die Büste des 1616 hier geborenen Barockdichters Andreas Gryphius zierte, ist nach wie vor eine völlige Ruine.

Trotz der nahezu vollständigen Zerstörung der Stadt Glogau/Głogów am Ende des Zweiten Weltkriegs konnten bedeutende Teile der mittelalterlichen Stadtmauer und der barocken Festung bewahrt werden. Das erhaltene Fragment mit rekonstruierten Zinnen und angrenzender Bastei stammt noch aus dem 14. Jahrhundert.

Durch die schlesische Heide über Liegnitz nach Breslau

Südwestlich von Glogau beginnt das ausgedehnte Gebiet der niederschlesischen Heide, die sich westlich der Neiße als Lausitzer Heide fortsetzt. Nur das lange Band der eintönigen Autobahn, die Berlin mit Breslau/Wrocław verbindet, durchschneidet diagonal die einsamen Gebiete, deren wenige Bewohner einst von Raseneisenerzgewinnung und Köhlerei lebten.

In Bunzlau/Bolesławiec trifft man wieder auf die „Via Regia", die von Görlitz kommt und die „Stadt des guten Tons", als die sie durch ihre getüpfelte, blaue oder einfarbig braune Keramik schon vor dem Krieg überregional bekannt war, mit dem Osten verbindet. Obwohl Bunzlau einiges an Sehenswürdigkeiten zu bieten hat, erscheint es wie ein großer Keramikmarkt, nachdem die polnischen Töpfer die historischen Muster wieder entdeckt haben und ihre Produktionen nun in unzähligen Läden oder als fliegende Händler an den Rändern der Hauptstraßen feilbieten. Längst hat sich das alte „Bunzeltippel" zum Exportschlager entwickelt und erfreut sich sogar in den Vereinigen Staaten großer Beliebtheit.

Vierzig Kilometer östlich liegt die alte Piastenresidenz und einstige preußische Regierungshauptstadt Liegnitz/Legnica, die vor dem Krieg mit ihrem gut erhaltenen Stadtkern als eine der schönsten Städte Schlesiens galt. Nach Zerstörung, Verwahrlosung und Abrissen hat die Altstadt stark gelitten, doch längst sind das zerstörte Stadtschloss und die Hauptkirchen wieder aufgebaut, die vor Jahren noch unübersehbaren Lücken durch Neubauten wenig stilsicher geschlossen. An die Blütezeit der Stadt unter Herzog Friedrich II. von Liegnitz Anfang des 16. Jahrhunderts erinnern das großartige Schlossportal, die Heringsbuden und die sgraffitogeschmückte Fassade des Hauses Zum Wachtelkorb. Diese stammen aus der Zeit, als die Renaissance gleich von mehreren Seiten – durch Wanderhandwerker aus Oberitalien, Baumeister aus Böhmen und „welsche" Bautrupps aus dem polnischen Krakau – nach Schlesien eindrang und das Land mit unzähligen Bauten im neuen Stil überzog. Friedrich, der als erster Piast protestantisch wurde, bescherte der Stadt auch eine kurzlebige evangelische Universität, während eine andere Bildungsstätte, das Jesuitenkollegium, erst im frühen 18. Jahrhundert als Instrument der habsburgischen Gegenreformation errichtet wurde. Unter der Kirche des Vorgängerbaus fand auch 1675 Georg Wilhelm, der letzte Herzog aus dem Geschlecht der Piasten, seine letzte Ruhestätte. In der Piastengruft erinnert eine Marmortafel an das Herrschergeschlecht, das „Polen 24 Monarchen, größtenteils väterliche Regenten, Schlesien 123 Herzöge schenkte". Mit deren Aussterben endete eine Epoche, die viel für die politische und kulturelle Prägung Schlesiens bedeutet hatte.

Nach den schweren Zerstörungen bei Kriegsende 1945 wurden große Teile der Altstadt von Bunzlau/Bolesławiec, einer der ältesten Städte Schlesiens (gegründet um 950), rekonstruiert. Hierbei orientierte man sich an historischem Bildmaterial, vereinheitlichte die Bauten in barockem Stil und ihrer charakteristischen Giebelständigkeit und vermittelt so das idealisierte Bild der Marktplatzbebauung einer schlesischen Stadt am Ende des 18. Jahrhunderts. Bunzlau ist für seine Töpferwaren, die „Bunzeltippel", bekannt.

Nur wenige Kilometer südlich grüßen die Herzogshüten nachgebildeten Turmspitzen der Klosterkirche von Wahlstatt/Legnickie Pole die auf der Autobahn nach Breslau vorbeirauschenden Autofahrer. Hier, wo der Mongolensturm 1241 polnische und deutsche Ritter vereinigte und Hedwig, die Mutter des gefallenen Herzogs Heinrich II., eine Benediktinerpropstei stiftete, entstand 1723 der Kirchenneubau des während der Reformation aufgelösten Klosters. Der böhmische Architekt Kilian Ignaz Dientzenhofer verwirklichte dabei einen spektakulären Entwurf, der 1733 mit der Ausmalung des kongenialen Cosmas Damian Asam zu einem der schönsten schlesischen Kirchenräume vollendet wurde.
Weiter die Oder entlang, führt uns nun der Weg in Richtung Breslau. Diesen Weg hatten vielleicht auch 850 Jahre zuvor die Kolonisten aus dem fernen Westen eingeschlagen, lag doch eine wichtige Etappenstation der Ostkolonisation auf diesem Weg: Kloster Leubus/Lubiąż, dessen Zisterziensermönche aus dem Kloster Pforta bei Naumburg kamen. Sie besiedelten das dünn bevölkerte Land und bereiteten es für die Kolonisten vor. Zwischen 1681 und 1720 entstand eine Klosteranlage, die mit ihren gewaltigen Dimensionen und einer Fassade von 223 Metern Länge nördlich der Alpen ihresgleichen sucht. Der nach der Säkularisation als Irrenanstalt genutzte Komplex war in der Nachkriegszeit bis 1956 sowjetisches Lazarett. Die wunderbare Barockausstattung der Kirche, die zu den wertvollsten in Schlesien zählte, verschwand damals in vielen Öfen, um die hunderte Meter langen Flure des Konventsbaus zu heizen. Nach der Räumung verfiel der grandiose Bau. Inzwischen sind aus Mitteln der Stiftung für Deutsch-Polnische Zusammenarbeit in Warschau die Dächer neu gedeckt, auch der zweigeschossige, fast 400 Quadratmeter große Fürstensaal und das gleichfalls mit kostbarstem Stuckmarmor ausgestattete Sommerrefektorium wurden restauriert, doch für eine sinnvolle Nutzung der zahllosen Räume der Klausur fehlt Geld – und ein tragfähiges Konzept. Im weitläufigen Erdgeschoss hat sich vorläufig das Haus Schlesien aus Königswinter am Rhein eine Museumsdependance eingerichtet, die mit deutsch-polnischen Wechselausstellungen den üppigen Bestand schlesischer Kultur reflektiert.

Um die alte Piastenresidenz Liegnitz/Legnica (um 1150, heutige romanische Reste aus der ersten Hälfte des 13. Jahrhunderts) entstand nach 1250 eine Stadt nach deutschem Recht mit Markt. Die acht Heringsbuden, deren Ursprung auf mittelalterliche hölzerne Verkaufsstände der Liegnitzer Kleinkrämer zurückgeht, entstanden mit ihren zum Teil wiederentdeckten und rekonstruierten Sgraffitodekorationen gegen Anfang des 16. Jahrhunderts. Von diesen geht der Blick zum klassizistischen Stadttheater und dem ab 1737 anstelle eines gotischen Vorgängerbaus errichteten barocken Rathausturm.

sieren". Offenkundig preußische Bauten wurden abgebrochen und durch historisierende Architektur ersetzt, so dass ein bemerkenswertes, aber zum Teil ahistorisches Gesamtbild des Ringes entstand. Dass der Hochhausklotz an der Ecke zum Salzmarkt stehen blieb, war jedoch schlicht und ergreifend Pragmatismus – der Stahlbetonbau hatte dem Geschützfeuer getrotzt und konnte schnell wieder repariert werden.

Nordwestlich des Rings, am historischen Salzmarkt vorbei, erreicht man die von Carl Friedrich Langhans errichtete Synagoge Zum Weißen Storch, die ein beredtes Zeugnis der jahrhundertealten jüdischen Geschichte der Stadt ist. Leider stagniert die Instandsetzung der nach dem Krieg völlig verwahrlosten Synagoge noch immer. Mit der Fertigstellung könnte ein sichtbares Zeichen der Versöhnung gesetzt werden, wo sich nach wie vor breite Schichten der polnischen Gesellschaft einer Aufarbeitung des Antisemitismus im eigenen Land verschließen, wie die Auseinandersetzung mit den Pogromen 1941 in Jedwabne oder 1946 in Kielce offenlegt.

Ein Symbol für die Kontinuität schlesischer Geistesgeschichte ist die Breslauer Universität, deren barockes Hauptgebäude mit der berühmten Aula Leopoldina direkt an der Oder liegt. 1702 als Jesuitenakademie gegründet, zog hier 1811 die Friedrich-Wilhelms-Universität ein, aus der bis 1945 neun Nobelpreisträger hervorgingen. Die heutige Universität, durch vertriebene Professoren aus Lwów, dem einst habsburgischen Lemberg, neu gegründet, schreibt heute als eine der größten Universitäten in Mitteleuropa erneut schlesische Geschichte.

Jenseits der Oder, auf einer ehemaligen Insel gelegen, erhebt sich die „terra sancta" des über tausendjährigen Bistums Schlesiens mit der Kathedrale St. Johannes, zahlreichen anderen Kirchen und den Resten der alten Gründungsburg. Von hier aus wurde die religiöse Geschichte des Landes gelenkt, hier resignierte der Katholizismus während der Reformation, hier feierte er mit der prachtvollen Elisabeth- und Kurfürstenkapelle des Doms architektonisch die Gegenreformation. Müßig ist es, die zahlreichen erhaltenen oder nach dem Krieg wiederentstandenen sakralen Baudenkmäler aufzuzählen, die in zahlreichen deutsch- und anderssprachigen Reiseführern fachkundig erläutert werden. Längst ist die Dominsel wieder zu einem Zentrum des katholischen Glaubens geworden und zu einem viel besuchten Ziel von Touristenströmen aus aller Welt.

Aber Breslau ist nicht nur in Stein erstarrtes Mittelalter und gut konservierte frühe Neuzeit – auch die klassische Moderne hat hier bedeutende Spuren hinterlassen. Kurz nach der heftig

Der Bau des Rathauses von Breslau, hier von seiner schönsten Seite mit der durch drei spätgotische Backsteingiebel und den reich ornamentierten Osterker charakterisierten Fassade, wurde 1327 begonnen und Ende des 15. Jahrhunderts zu seiner heutigen Gestalt erweitert. Als Wahrzeichen städtischen Selbstbewusstseins ist er einer der bedeutendsten Rathausbauten des spätmittelalterlichen Deutschlands.

LEO
POLDO

Die Aula Leopoldina der Breslauer Universität ist in ihrer geringen Raumhöhe und mit ihren perspektivischen Deckenfresken, die durch den Olmützer Maler Johann Friedrich Handke geschaffen wurden, einer der ungewöhnlichsten, aber auch prächtigsten Repräsentationsräume Schlesiens, obgleich die 1702 von den Jesuiten gegründete und nach Kaiser Leopold I. (Regierungszeit 1657–1705) benannte Universität nur eine theologische und eine philosophische Fakultät hatte.

Die Jahrhunderthalle in Breslau wurde 1913 zur Jahrhundertfeier des Befreiungskrieges (1813) von Max Berg als damals größter Kuppelbau der Welt errichtet. Kaum in den Kämpfen des Zweiten Weltkriegs beschädigt, steht sie auch für die Kontinuität der Moderne in dem aus Ruinen auferstandenen Wrocław. Der gewaltige Bau, dessen Unterschutzstellung unter das Weltkulturerbe beantragt ist, wird ergänzt durch das treffend „Iglitza/Nadel“ genannte Stahlmonument, das anlässlich der „Ausstellung der wiedergewonnenen Gebiete“ 1948 errichtet wurde.

umstrittenen Stuttgarter Weißenhofsiedlung eröffnete 1929 gegenüber dem Zoologischen Garten die spektakuläre Ausstellung „Wohnen und Werkraum“ mit innovativen Bauten von Hans Scharoun, Adolf Rading und anderen Architekten. 15 Jahre zuvor war nur wenig entfernt davon mit der 1913 fertig gestellten Jahrhunderthalle, die an den Jahrestag der Völkerschlacht bei Leipzig erinnern sollte, der seinerzeit größte Kuppelbau der Welt entstanden. Heute wie damals ein Mehrzweckbau, bietet die Hala Ludowa von der profanen Sportveranstaltung bis zur grandiosen Inszenierung des Wagner'schen „Ring des Nibelungen“ eine bunte Palette an Großveranstaltungen.
Nicht weit davon entfernt, im Scheitniger Park, hält das wiedererrichtete Schillerdenkmal sogar ein passendes Motto für zukünftige Veranstaltungen parat: „Alle Menschen werden Brüder“ steht hier in polnischer und deutscher Sprache geschrieben. Ein Wunsch, den man angesichts des Schicksals Schlesiens nicht häufig genug aussprechen kann.

MERKURY
PZU
POWSZECHNY ZAKŁAD UBEZPIECZEŃ S.A.
PZU
POWSZECHNY ZAKŁAD UBEZPIECZEŃ S.A.
PZU
ARKOP

Land an der Bartsch

Weiter führt uns der Weg nach Norden, zunächst in das Landstädtchen Trebnitz/Trzebnica mit seinem Zisterzienserinnenkloster, das die Gattin Heinrichs I. von Schlesien, Hedwig von Andechs-Meranien, im Jahr 1202 gestiftet hatte. Bis in das 18. Jahrhundert hinein lebten hier fast ausschließlich polnische Nonnen inmitten des deutschen Schlesiens. Die ursprünglich romanische, in der Gotik umgebaute und mit Stuckaturen des 18. Jahrhunderts überzogene Klosterkirche birgt in der 1219 angebauten Hedwigskapelle das viel besuchte barocke Grabmal der 1243 verstorbenen Schutzpatronin Schlesiens.

Weiter in Richtung Norden gelangt man in eine Teich- und Sumpflandschaft, die von der nahe Ostrow/Ostrów Wielkopolski entspringenden Bartsch/Barycz bewässert wird. In mittelalterlicher Zeit ein fast unüberwindliches Hindernis zwischen dem deutschen Siedlungsbereich Schlesiens und dem nördlich davon gelegenen Gebiet des polnischen Reichs, entstand in Teilgebieten als Folge der Besiedlungspolitik Friedrichs des Großen durch die Meliorationen ein System von unzähligen Entwässerungsgräben und Fischteichen, die den Bewohnern der daran gegründeten Dörfer als Lebensgrundlage dienten. Diese kultivierten Fluren bilden mit der ursprünglich belassenen Auenlandschaft mit zahllosen Seen, Erlenbrüchen, Kiefern- und Eichenhainen heute eines der umfangreichsten Landschaftsschutzgebiete Polens mit der europaweit größten Artenvielfalt an Wasservögeln.

Das Bartschland ist mit seinen Seen, dem weiten Himmel und der ungestörten Fauna ein Ort der Stille für das kulturverwöhnte Auge.

15

Kirche und Konventsgebäude des Klosters Trebnitz/Trzebnica (links). Das Zisterzienserinnenkloster wurde 1202 von der heiligen Hedwig und ihrem Mann, Herzog Heinrich I., errichtet und mit Nonnen aus Bamberg besetzt. Nach dem Tod Hedwigs (1243) wurde es zur Wallfahrtsstätte. Hinter dem 1789 erbauten Glockenturm erhebt sich die einst turmlos errichtete romanische Pfeilerbasilika, deren Architektur trotz ihrer barocken Überformung im Innern weitgehend ihren zisterziensischen Charakter erhalten hat. Rechts daneben steht der doppelhöfige Abteikomplex, der 1697 bis 1726 anstelle der mittelalterlichen Klosteranlage errichtet wurde.

1679 ließ die Äbtissin Katarzyna Pawłowska in der Klosterkirche von Trebnitz das beeindruckende Hochgrab der heiligen Hedwig mit Säulen aus schwarzem Marmor errichten (oben). Die Figur der Heiligen, von Franz Joseph Mangoldt aus Alabaster geschaffen, hält ein Kirchenmodell als Symbol für ihre zahlreichen Klostergründungen in der Hand.

Oppeln und Oberschlesien

Heute verbindet die in Fertigstellung begriffene Autobahn, die zu Beginn des Zweiten Weltkriegs als schnelle Ost-West-Achse zwischen Berlin, Breslau und dem „Generalgouvernement" mit Krakau und weiter als Südostautobahn bis auf die Krim geplant wurde, die niederschlesische Hauptstadt Breslau mit dem nur knapp eine Autostunde entfernten oberschlesischen Oppeln/Opole.

Zwischen den beiden Hauptstädten liegt, wiederum direkt an der Oder, die alte Piastenresidenz Brieg/Brzeg mit einem der bedeutendsten Renaissanceschlösser Schlesiens. Dessen großartiger Arkadenhof, 1556 durch den oberitalienischen Baumeister Jakob Parr einem älteren Renaissancekern hinzugefügt, ist gewissermaßen ein verkleinertes Abbild des Wawel, der Krakauer Königsburg. Er wurde durch den Sohn Herzog Friedrichs II. von Liegnitz, Georg II., in Auftrag gegeben. Nach starken Zerstörungen im Jahr 1741 wurde die Rekonstruktion der dreigeschossigen Loggien ab 1939 geplant und, nach nur leichter Kriegsbeschädigung, von polnischer Seite von 1966 bis 1978 durchgeführt.

Solche architektonischen Höhepunkte hat der heutige Woiwodschaftssitz Oberschlesiens Oppeln, der aus einer frühmittelalterlichen slawischen Kastellanei und einer deutschrechtlichen Gründung des frühen 13. Jahrhunderts auf der anderen Oderseite zusammengewachsen ist und dessen Bewohnerzahl von Deutschen und Polen bis in das 19. Jahrhundert sich die Waage hielt, kaum mehr vorzuweisen. Dafür entschädigt ein reizvolles Stadtpanorama mit dem palazzoartigen Rathaus, der doppeltürmigen Kreuzkirche, der Franziskanerkirche mit herzoglicher Grablege und dem Piastenturm des in den 1930er Jahren abgebrochenen Piastenschlosses, das sich in der Oder und im Mühlgraben spiegelt.

Auf der Fahrt nach Südosten kommt man durch zahlreiche von deutschstämmigen Oberschlesiern, den so genannten Autochthonen, besiedelte Dörfer, in denen neben den nach 1989 garantierten Minderheitenrechten seit Jahren über eine zweisprachige Ortsbeschilderung diskutiert wird. Hier wird häufig noch traditionell Wasserpolnisch gesprochen, ein Idiom, das sich aus der Durchmischung der polnischen Sprache mit dem Deutschen herausgebildet hat.

Unvermittelt taucht bald aus der Oderebene die mit 410 Metern höchste Erhebung Oberschlesiens auf, der Annaberg/Góra Świętej Anny. Seit Jahrhunderten sowohl von der deutschen als auch der polnischen Bevölkerung als heilig verehrt, stieg er bald nach der Errichtung einer Wallfahrtskapelle im frühen 16. Jahrhundert, in der die schlichte Skulptur der heiligen Anna Selbdritt verehrt wird, zum bedeutendsten Wallfahrtsort der Region auf. In den Wallfahrten waren Deutsche und Polen, die annähernd zu gleichen Teilen das Land bevölkerten, vereint – und sind es heute wieder. Politische Bedeutung von spaltender Brisanz erhielt der symbolträchtige Basaltkegel, als dieser während der polnischen Aufstände nach dem Ersten Weltkrieg heftigst umkämpft wurde. Danach entstand auf dem Bergplateau 1934 eine deutsch-nationalistische Gedenkstätte, die nach 1945 gesprengt und durch ein nicht weniger monumentales polnisches Denkmal des sozialistischen Realismus ersetzt wurde.

Ab 1569 wurde das Schloss in Brieg/Brzeg durch den herzöglichen Baumeister Jakob Parr errichtet. Im Siebenjährigen Krieg (1756–1763) zerstört, wurde es erst von 1966 bis 1978 rekonstruiert. Die offenen Galerien des Arkadenhofes sind typisch für die Erschließung der Repräsentationsräume in der Renaissance, in der große Treppenhäuser im Innern der Gebäude zumeist fehlten.

Das reich mit ornamentierten Pilastern gegliederte Portal des Schlosses in Brieg (links) wurde von Jakob Parr 1550–54 errichtet. Der gelbe Sandstein war ursprünglich, insbesondere in den Wappentafeln und dem gedoppelten Fries mit Porträtbüsten piastischer Herzöge über dem zweiten Geschoss, stark farbig gefasst. Das Bildprogramm betont die königliche Herkunft der Piasten und damit ihren Rang unter den europäischen Fürsten.

Oppeln/Opole (oben) ist seit 960 als Kastellaneisitz belegt. Von 1202 bis 1532 residierten hier die piastischen Herzöge. Der Mühlgraben, ein Seitenarm der Oder, begleitet die Altstadt zur linken Seite, während rechts die Oderinsel liegt. Der markante Schweifgiebel ganz rechts im Bild gehört zur 1811 den Protestanten übergebenen Franziskanerklosterkirche, die auch die Grablege der Piasten war. Seit 1945 ist sie katholische Pfarrkirche.

Oberschlesisches Industrierevier

DIE GESCHICHTE DER DEUTSCHEN EISENBAHN
50 DOKUMENTATIONEN + DVD
FÜR NUR € 1,99
Keine weitere Kaufverpflichtung
DIE DEUTSCHE BUNDESBAHN (1949–1993)
DAMPFLOKOMOTIVEN
BAUREIHE 23
EINE NACHKRIEGSLEGENDE
1. TEIL: GESCHICHTE
ELEKTRISCHE LOKOMOTIVEN
BAUREIHE 103
1. TEIL: ENTWICKLUNG
DIE ZEIT DER PRIVAT- UND LÄNDERBAHNEN (1835–1920)
DIE „ADLER"
BEGINN DES EISENBAHNZEITALTERS
DIE DEUTSCHE BAHN (1994 BIS HEUTE)
ELEKTRISCHE TRIEBWAGEN
DER ICE 3
TEMPO 300, LUXUS UND KOMFORT
ATLAS VERLAG

Nach der Volksabstimmung 1921 verblieben im deutschen Teil Oberschlesiens die Industriestädte Beuthen/Bytom, das 1915 in Hindenburg umbenannte Zabrze sowie Gleiwitz/Gliwice, das durch den fingierten Überfall auf den Reichssender 1939 den Nationalsozialisten zur Rechtfertigung für den Angriff auf Polen dienen sollte. Polen erhielt den größten Teil des Industriereviers mit Lublinitz/Lubliniec, Tarnowitz/Tarnowskie Góry und Königshütte/Chorzów.

Die Geschichte eines Denkmals in Königshütte verdeutlicht eindringlich das wechselhafte Schicksal dieser Region: Friedrich Wilhelm Graf von Reden hatte als preußischer Minister für das Bergwesen diese Stadt am Ende des 18. Jahrhunderts gegründet – und erhielt posthum zum Dank ein Denkmal gesetzt, das 1853 enthüllt wurde. Nach 1921 verblieb es zunächst auf seinem Platz im Stadtpark, bis es 1939 durch polnische Gegner des NS-Regimes zerstört wurde. Unmittelbar nach der Besetzung Polens entstand an gleicher Stelle eine Kopie, die wiederum nach dem Krieg durch die polnische Verwaltung vernichtet wurde. Als Zeichen der Toleranz und gemeinsamen Verständigung von Polen und Deutschen errichtete die polnische Stadtverwaltung 2002 eine neue Statue nach historischem Vorbild.

Alle Wege führen nach Kattowitz/Katowice, möchte vermuten, wer sich dem unübersichtlichen Straßengewirr der Hauptstadt der 1921 gebildeten Woiwodschaft Śląsk ausliefern muss. Dabei lohnt das Zentrum dieser ebenfalls sehr jungen Industriemetropole durchaus einen Besuch. Neben zahlreichen wenig ansehnlichen Plattenbauten ist der Stadtkern ein Lehrbuch des Historismus, des Jugendstils und der frühen Moderne, die durch die Nachkriegsbauten einschließlich der futuristisch-sozialistischen Konzert- und Sporthalle ihre Fortsetzung findet.

Kattowitz hinter sich lassend, gelangt man bald in südlicher Richtung zu einer nahezu unbekannten Schlösserlandschaft, deren musealer Höhepunkt die Residenz der Fürsten von Hochberg-Pless in Pless/Pszczyna ist, in der sich als einzigem Schloss in ganz Schlesien das gesamte prunkvolle Interieur erhalten hat.

Noch immer, trotz des mit Verfall und dem Abbruch vieler Industrieanlagen verbundenen Niedergangs des Oberschlesischen Industriereviers, prägen allerorts rauchende Industrieschlote das Landschaftsbild der Region, wie hier in Hindenburg/Zabrze.

Am Rande des Stadtzentrums von Gleiwitz/Gliwice (oben) steht die Allerheiligenkirche, von deren Turm der Blick über das administrative Zentrum, den Ring mit dem spätbarock gestalteten Rathaus zu den nahe gelegenen Neubauvierteln geht, die sich seit den 1970er Jahren wie ein Gürtel um die historisierend wiedererstandene Altstadt legen.

Als bedeutendes Denkmal der Technikgeschichte und als Symbol für die hier inszenierte Provokation einer in polnische Uniformen gehüllten SS-Einsatztruppe, die am 31. August 1939 den Reichssender Gleiwitz angriff und so Hitler als Vorwand diente, Polen zu überfallen, wurde der 1934/35 aus Lärchenholz gefertigte 118 Meter hohe Sendeturm unter Denkmalschutz gestellt (rechts).

Nach der Entstehung erster Kohlegruben am Ende des 18. Jahrhunderts nahm Kattowitz/Katowice im 19. Jahrhundert einen rasanten industriellen Aufschwung. Das im späten 19. Jahrhundert geschaffene, historistisch geprägte Stadtzentrum erhielt in der Zwischenkriegszeit des frühen 20. Jahrhunderts südlich davon mit dem neuen Stadtforum ein polnisches Pendant mit öffentlichen Gebäuden und Kirchen, die zum Teil noch durch Stilmerkmale des Neoklassizismus, aber auch schon des Expressionismus und der klassischen Moderne charakterisiert sind.

Schon zu Beginn des 15. Jahrhunderts stand an der Stelle des heutigen Schlosses in Pless/Pszczyna ein herrschaftlicher Sitz, der nach renaissancezeitlichen und barocken Umbauten im 1870 bis 1874 errichteten, neobarocken Bau des französischen Architekten Hippolyte Destailleur aufging. Als bevorzugter Baumeister Napoleons III. und der Familie Rothschild schuf dieser für Fürst Hans Heinrich XI. von Pless, der zu den größten Grundeigentümern in Preußen gehörte, eine der glanzvollsten Schlossanlagen Schlesiens. Im Ersten Weltkrieg war dieses Schloss von 1915 bis 1917 das deutsche Hauptquartier der Obersten Heeresleitung.

Eichendorff und Beethovens Vierte

Von einem anderen Bauwerk hingegen, dem neugotischen Schloss Lubowitz/Łubowice, sind nur noch traurige Ruinen erhalten. Hier wurde 1788 Joseph Freiherr von Eichendorff geboren, verbrachte der Lyriker seine Kindheit, inspirierte ihn die umgebende Landschaft zu seinen schönsten Gedichten. Und trotzdem – oder gerade deshalb – lässt sich im romantisch-schaurigen Rest von Schloss Lubowitz, das gegen Ende des Kriegs in Flammen aufging, der Romantik nachspüren, die der Dichter in dieser Landschaft empfunden haben mag und zu Papier gebracht hat. Doch „Über allen Wipfeln ist Ruh …“ wird es hoffentlich nicht dauerhaft heißen, wenn es um den seit langem geplanten Bau des Kulturzentrums der deutschen Minderheit geht, das hier einen angemessenen Ort finden könnte.

Weiter nach Westen führt der Weg über Oberglogau/Głogówek, der einstigen Residenz der Grafen von Oppersdorff, deren Renaissanceschloss schon lange leer steht und zu verfallen droht. In einem kleinen, bescheidenen Museum wird die Erinnerung an den langen Aufenthalt Ludwig van Beethovens, der 1806 seinem gräflichen Gastgeber zum Dank seine just entstehende „Vierte“ Symphonie widmete, wachgehalten.

Nahe der Grenze zu Böhmen, der heutigen Tschechischen Republik, liegt die Bischofsstadt Neisse/Nysa. Nicht mehr viele historische Bauten erinnern nach den fürchterlichen Kriegszerstörungen an das einstige „Schlesische Rom“, in das sich der Bischof der schlesischen Diözese aus dem Reformationsgetümmel Breslaus zeitweise zurückzog und wo er eine prächtige Residenz errichten ließ. Seit kurzer Zeit jedoch ist in der wieder aufgebauten St. Jakobuskirche einer der bedeutendsten Kirchenschätze Schlesiens ausgestellt, dessen Besichtigung jeden noch so weiten Umweg rechtfertigt. Namensgebend für die Stadt ist die Glatzer Neiße/Nysa Kłodzka, die westlich der Stadt zwei riesige Stauseen speist, zwischen denen das ebenfalls sehenswerte Bischofsschloss Ottmachau/Otmuchów steht, das Wilhelm von Humboldt 1820 für seine Verdienste aus säkularisiertem Kirchenbesitz erhielt.

Der 1788 auf Schloss Lubowitz/Łubowice bei Ratibor geborene Joseph Freiherr von Eichendorff, der als einer der bedeutendsten Lyriker und Schriftsteller der deutschen Spätromantik gilt, wirkte im preußischen Staatsdienst als Regierungsrat in Königsberg, später in Berlin. Zurückgezogen lebte er ab 1855 bei seiner Tochter im oberschlesischen Neisse/Nysa, wo er am 26. November 1857 im Alter von 69 Jahren starb. Auf dem dortigen Jerusalemer Friedhof fand er neben seiner Gattin Louise, geborene von Larisch, seine letzte Ruhestätte.

Mächtig erhebt sich das Kirchenschiff der katholischen Pfarrkirche St. Jakobus über das geschundene Stadtzentrum von Neisse/Nysa, dem einstigen „Schlesischen Rom“ und Residenzort der Breslauer Bischöfe. Rechts davon der Baublock des freistehenden, nie vollendeten Glockenturms. Auf der linken Seite sind die Türme der Jesuitenkirche, auf der rechten die des Kreuzherrenklosters zu erkennen.

Zahlreiche Türme bestimmen die Stadtansicht des alten Residenzstädtchens Oberglogau/Głogówek von Süden. Die Herrschaft gehörte seit 1593 den Grafen von Oppersdorff. 1806 hielt sich in deren Schloss Ludwig van Beethoven auf, der seinem Gastgeber seine vierte Symphonie widmete.

Neben den durchbrochenen Hauben der Stadtpfarrkirche St. Bartholomäus dominieren der gedrückte Zwiebelhelm der Franziskanerkirche und der rechts stehende weiße Turm des Rathauses das Stadtzentrum. Die beiden mittleren kleinen Türme gehören zu der Schlossanlage der Grafen von Oppersdorff.

Das Schloss von Ottmachau/Otmuchów, im 16. Jahrhundert prächtig erweitert, erhebt sich anstelle einer mittelalterlichen Burganlage über der Stadt. Nach der Säkularisation kam das Schloss 1820 an Wilhelm von Humboldt, in dessen Familienbesitz es bis 1928 blieb. Das Zentrum von Ottmachau wird vom renaissancezeitlichen Rathaus mit dem 1605 errichteten Turm beherrscht. Der frühbarocke Bau der Pfarrkirche St. Nikolaus und Franziskus Xaverius wurde zwischen 1690 und 1693 anstelle eines gotischen Vorgängerbaus errichtet.

Mittelschlesien und der Zobten

Kamenz/Kamieniec Ząbkowicki und das nahe gelegene Heinrichau/Henryków zählten mit ihren Klöstern zu den Filiationen des Zisterzienserordens, der als Wegbereiter der mittelalterlichen Kolonisation den Süden der Region landwirtschaftlich vorbereiten half. In der Wildnis zwischen Glatzer Neiße/Nysa Kłodzka und dem Eulengebirge/Góry Sowie entstanden zwei umfangreiche Klosteranlagen, die beide 1810 säkularisiert und in fürstliche Residenzen umgewandelt wurden. Während das bestens erhaltene Heinrichau mit seiner üppigen barocken Ausstattung auch heute noch ein vortreffliches Zeugnis der Gegenreformation ist, brannte das Konventsgebäude in Kamenz bereits 1817 weitgehend nieder, so dass außer der Prälatur nur die großartige gotische Hallenkirche erhalten blieb. Mit den expressiven Statuen der 14 Nothelfer des norwegischen Bildhauers Thomas Weißfeldt und dem 17 Meter hohen Hauptaltar Christian Königers aus ungefasstem Lindenholz birgt sie gleich zwei künstlerische Superlative.

Als Ersatz und „Kulturnachfolger" des abgebrannten Klosters entstand ab 1838 oberhalb der Anlage als letztes Werk Karl Friedrich Schinkels das Schloss der Prinzessin Marianne von Oranien, die mit Prinz Albrecht, einem Bruder Friedrich Wilhelms III., recht unglücklich verheiratet war. Die brüchige Ehe überlebte die Fertigstellung der gewaltigen neogotischen Schlossanlage, die sich über einem üppigen Terrassengarten von Peter Joseph Lenné erhob, nicht. Albrecht, der Lebemann, trennte sich von seiner Gattin und zog nach Dresden, während die zurückgelassene Marianne ein fürstliches Nomadenleben führte und nur selten nach Kamenz zurückkehrte. Auch dem Schloss war kein glückliches Schicksal beschieden – 1945 brannte es bis auf die Außenmauern nieder und stand so bis zum Ende der 1980er Jahre, als ein Privatmann die Ruine erwarb und seither die Sisyphosarbeit des Wiederaufbaus auf sich genommen hat. Inzwischen ist der Bau zumindest unter Dach und in den unwirtlichen, immer feuchten Gängen hat sich ein kleines Schlosscafé etabliert.

Auf dem Weg nach Norden passiert man das kleine Landstädtchen Nimptsch/Niemcza, dessen Name sich von der einstigen spätgermanischen Burg herleitet, die hier stand. Nemci, „Stumme", nannten die im 6. Jahrhundert einwandernden Slawen die Bewohner des Stammes der Silinger, da sie deren Sprache nicht verstanden. Diese Bezeichnung lebt im polnischen Begriff „niemiec" für „deutsch" bis heute fort.

Von hieraus weithin sichtbar ist das Bergland des Zobten/Sobótka, der für Deutsche und Polen gleichermaßen symbolische Bedeutung hat, da sich auf seinem 718 Meter hohen Gipfel mehrere vorgeschichtliche Kultstätten befanden, die der jeweiligen Kultur als Legitimation ihrer Anwesenheit dienten. Hier war das Hauptsiedlungsgebiet der germanischen Silinger, aus denen sich der lateinische Name für Schlesien, Silesia, ableitet, während der deutsche Name des Mittelgebirges vom slawischen Begriff für die hier abgehaltenen samstäglichen Markttage, Sobota, stammt.

Das sagenumwobene Zobtenmassiv im Herbstlicht. Unvermittelt erhebt sich aus der Ebene der vulkanischen Ursprungs entstammende Zobten/Sobótka, der heilige Berg Niederschlesiens.

Nach 1222 stiftete der Breslauer Domherr Nikolaus mit Erlaubnis Herzog Heinrichs I. das nach diesem benannte Zisterzienserkloster Heinrichau/Henryków. Es lag in der Einöde zwischen den später gegründeten Städten Strehlen/Strzelin und Münsterberg/Ziębice. Nach französischem Vorbild entstand hier eine gotische Basilika, deren Westfassade 1608 ein hoher Glockenturm als weithin sichtbares Zeichen der Gegenreformation hinzugefügt wurde. Während die gotischen Klostergebäude Ende des 17. Jahrhunderts weitgehend einem frühbarocken Neubau wichen, ist die gotische Struktur der Basilika unter den reichen renaissancezeitlichen und barocken Dekorationen heute noch gut nachvollziehbar.

Ganz andere Kultstätten religionsgeschichtlicher Bedeutung stehen in Jauer/Jawor und Schweidnitz/Świdnica. Hier haben sich zwei der einst drei nach 1648 errichteten Friedenskirchen erhalten. Beide Sakralbauten, die nur aus vergänglichen Materialien wie Holz, Stroh und Sand errichtet werden durften und äußerlich schmucklos, ja fast wie überdimensionierte Scheunen erscheinen, entfalten im Innern eine für protestantische Kirchen ungewöhnliche Pracht, die nur durch die Unterdrückung des Glaubens und den Wunsch nach Schaffung eines Gegenpols zum Katholizismus zu erklären ist. Während die kleinere der beiden Fachwerkbauten in Jauer „nur" 6000 Plätze hat, konnten sich einst in Schweidnitz 3000 Personen auf den Sitzbänken im Kirchenschiff, den Emporen und den zahlreichen Logen, sowie weitere 4500 im Innenraum stehend verteilen. Aufwändig wurden beide Bauten in den letzten Jahren mit deutscher Unterstützung restauriert und als krönender Abschluss wurde ihnen 2001 die Aufnahme in die Liste des Unesco-Weltkulturerbes zuteil.
Etwas in den Hintergrund tritt in Schweidnitz dagegen die katholische Pfarrkirche, obwohl sie mit ihrem 104 Meter hohen Turm die ganze Stadt – und alle anderen Türme Schlesiens – überragt. Die spätgotische Pseudobasilika wurde gleichfalls im Innern mit großartigen Barockkunstwerken ausgestattet und steht nahe dem großen Ring, dessen vier Brunnen den Reichtum der einst neben Breslau bedeutendsten Handelsstadt Schlesiens verkörpern.
Auf dem Weg zum Eulengebirge kommt man durch das Dorf Kreisau/Krzyżowa. Hier liegt das gleichnamige Gut der Familie von Moltke. Für den „Kreisauer Kreis" stellte Helmuth James von Moltke (1907–1945) das nahe gelegene Berghaus zur Verfügung, in dem sich die Widerstandsgruppe gegen Hitler regelmäßig traf. Im Dezember 1989 beschlossen hier Helmut Kohl und der polnische Ministerpräsident Tadeusz Mazowiecki die Gründung einer „Stiftung Kreisau für Europäische Verständigung", die das rekonstruierte Gut als Tagungszentrum und Begegnungsstätte nutzt.
Zwei aussichtsreiche Straßenverbindungen führen nun durch das Eulengebirge in die Grafschaft Glatz/Kłodzko. Der nördliche Übergang wird durch das „schlesische Gibraltar", die gewaltige Passfestung von Silberberg/Srebrna Góra, beherrscht, mit dem Friedrich der Große sein frisch erobertes Territorium vor dem einstigen Landesherrn Habsburg schützen wollte. Südlich davon führt der Weg durch das wildromantische Neißetal, durch das sich außer dem Fluss auch noch die wichtigste Straßenverbindung zwischen Prag und Breslau zwängt. Der zu Anfang liegende, gleichermaßen von Polen und Tschechen viel besuchte Wallfahrtsort Wartha/Bardo bildet den Auftakt zu einem Landesteil, der historisch und kulturell Böhmen von jeher näher stand als Schlesien.

Der üppig dekorierte Innenraum der Friedenskirche zu Schweidnitz/Świdnica, der mit den Emporengeschossen der Seitenschiffe mehr als 7500 Gläubige aufnehmen konnte, ist Ausdruck des Selbstbewusstseins der protestantischen Adeligen, Bürger und Leinenhändler, die den Bau prächtig ausstatten ließen, um ein Gegengewicht zur barocken Repräsentationslust der katholischen Kirche in der Gegenreformation zu schaffen.

Nach dem Westfälischen Frieden (1648) wurde nach Entwürfen von Albrecht von Säbisch neben den Friedenskirchen von Glogau/Głogów und Schweidnitz/Świdnica auch die Friedenskirche von Jauer/Jawor errichtet. Nur aus vergänglichem Material – Holz, Stroh und Lehm – in Fachwerk erbaut, überlebte das dreischiffige Gotteshaus alle Unbilden der Geschichte und wurde nach aufwändigen Restaurierungen 2001 zum Weltkulturerbe erklärt.

Sehr gut zu sehen ist das konstruktive Fachwerkgerüst der Friedenskirche von Jauer, wenn auch die beiden Seitenschiffe durch die vier übereinander gestaffelten, reich bemalten Emporen kaum als solche erkennbar sind.

Die Grafschaft Glatz und das Waldenburger Bergland

In der durch die hohen Berge des Schneegebirges/Masyw Śnieżnika, des Adlergebirges/Góry Orlickie und des Waldenburger Berglands/Góra Wałbrzyskie eingekesselten Landschaft gibt es eine bemerkenswerte Dichte an Schlössern und Herrenhäusern, die zwar im besten Fall recht verwahrlost und unansehnlich geworden, im schlechten Fall bereits zu völligen Ruinen zerfallen sind, wie das bedeutende Barockschloss Wölfelsdorf/Wilkanów. Und doch verdienen sie es, auch als Trümmerstätten bewahrt zu werden und dadurch Weltkriegsfolgen und sozialistische Ignoranz zu bezeugen. Einer der schönsten Bauten, das Renaissanceschloss Grafenort/Gorzanów, an dessen Theater sich der Schriftsteller und Theaterregisseur Karl von Holtei (1798–1880) seine ersten Tantiemen als Schauspieler verdiente, steht heute kurz vor dem völligen Zusammenbruch, und seine undankbare Lage fernab der Touristenströme verhindert, dass wohlmeinende Investoren dieses wertvolle Kleinod retten.

Berühmt geworden ist die Grafschaft Glatz jedoch durch die zahlreichen Badeorte, deren Heilquellen schon im Mittelalter bis nach Polen hinein bekannt und geschätzt waren wie Bad Landeck/Lądek-Zdrój, in dem schon Friedrich der Große seine Gicht heilte, Bad Reinerz/Duszniki-Zdrój mit seiner wunderbar restaurierten Papiermühle des frühen 17. Jahrhunderts oder Bad Kudowa/Kudowa-Zdrój, das einst bedeutendste Herzbad Deutschlands. Glatz/Kłodzko selbst, im Tal der Glatzer Neiße gelegen und durch diese häufig genug überschwemmt, besticht durch seine wunderbar erhaltene Pfarrkirche und den Komplex des Franziskanerklosters. Die Stadt, die unzerstört aus dem letzten Krieg hervorgegangen ist, hat jedoch arg unter schweren Bergschäden gelitten, die durch die Unterhöhlung des einstigen Schlossbergs entstanden sind. Auf diesem erhebt sich seit Mitte des 18. Jahrhunderts eine weitere Festungsanlage, die Schlesien gegen das feindliche Habsburgerreich verteidigen sollte. Nach dem Krieg wurden die unterirdischen Kasematten, die zum Teil die Altstadt unterhöhlten, nicht mehr gepflegt, so dass viele Häuser darüber einzustürzen drohten – und daraufhin schlichtweg abgebrochen wurden.

Nach Norden führt der Weg nach Albendorf/Wambierzyce, in dem man zu Ende des 17. Jahrhunderts ein „Schlesisches Jerusalem“, gekrönt mit einer den salomonischen Tempel symbolisierenden Kuppelkirche schuf, das sich rasch zum vielleicht berühmtesten schlesischen Wallfahrtsort entwickelte. Auch hier sind heute polnische und deutsche Katholiken wieder bei zahlreichen Wallfahrten vereint.

Von hier geht es durch das Waldenburger Bergland in die gleichnamige, mehr berüchtigte als berühmte Industriestadt. Nur wenig mehr als großenteils aufgegebene und verwaiste Fabrikanlagen, Fördertürme, die wie vorindustrielle Fossilien das Gesicht der Landschaft prägen, hat die Stadt zu bieten, aus der ein beträchtlicher Teil der deutschen Bergleute erst Ende der 1950er Jahre ausgewiesen wurde, da sie so lange noch als Spezialisten für die Kohleförderung in diesem größten niederschlesischen Industrierevier benötigt wurden.

In der Umgebung von Waldenburg/Wałbrzych gibt es zahlreiche Burgen, die einst die Grenze gegen Böhmen hin absicherten und deren Besuche sich lohnen. Eine der schönsten Anlagen

Schon aus der Ferne ist die zweitürmige Kirche der barocken Abtei von Grüssau/Krzeszów erkennbar. Rechts von dieser steht die 1695 turmlos vollendete Josephskirche, während die 1774 begonnenen Klostergebäude unvollendet blieben. Hinter den Bergen des Landeshuter Kammes verschwimmt das Riesengebirge/Karkonosze im Dunst des Sommertages.

ist die Kynsburg hoch über dem Weistritztal. Ihr Torhaus kann mit den großartigsten Sgraffitodekorationen Schlesiens aufwarten und vom Bergfried der Burgruine hat man den besten Blick über das bewaldete Bergland. Nicht weit davon entfernt liegt das ebenfalls aus einer mittelalterlichen Burganlage hervorgegangene Fürstenstein/Książ. Die einst so strahlende Residenz, zu Beginn des 20. Jahrhunderts Treffpunkt der europäischen Hocharistokratie, macht noch heute ihrem Namen alle Ehre und zählt zu den größten Anlagen ihrer Art in Schlesien. Berühmt ist der Marmorsaal mit Fresken von Felix Anton Scheffler – berüchtigt und geheimnisumwittert in der Tiefe des Schlossbergs die Anlagen, die von Zwangsarbeitern durch die Organisation Todt ab 1943 angelegt wurden. Bis heute ist nicht geklärt, ob der monumentale Bau nach der Vertreibung der fürstlichen Familie Hochberg-Pless durch die Nationalsozialisten wirklich „nur" in das „Gästehaus Waldwiese" für Adolf Hitler umgebaut werden sollte.

Durch die malerische Vorgebirgslandschaft gelangt man nun auf den Weg in Richtung Westen in das Stiftsland des Klosters Grüssau/Krzeszów. Bald schon steht man vor der grandiosen Zweiturmfassade der Marienkirche, die von einem unbekannten Baumeister errichtet wurde, aber die Nähe zu Kilian Ignaz Dientzenhofer und dessen dynamisch-beschwingter Barockauffassung nicht leugnen kann. Hinter der Kirche liegt die 1728 geschaffene großartige Gruftkapelle der Schweidnitzer Bolkonen, einem Zweig des Piastengeschlechts. In der seitlich des Klosterkomplexes stehenden St. Josephskirche hat Michael Willmann (1630–1706), der „schlesische Rembrandt", mit einem Josephs-Zyklus sein vielleicht bedeutendstes Werk hinterlassen.

Westlich der alten, heute etwas unansehnlichen Leineweberstadt Landeshut/Kamienna Góra, deren berühmtester Sohn, Carl Gotthard Langhans (1732–1808), neben vielen klassizistischen Bauten im preußischen Schlesien das Brandenburger Tor in Berlin geschaffen hat, erreicht man den Landeshuter Kamm/Rudawy Janowickie, von dessen Höhen sich in einem beeindruckenden Panorama das Hirschberger Tal/Kotlina Jeleniogórska ausbreitet.

Glatz/Kłodzko ist das Zentrum der ehemals böhmischen Grafschaft Glatz, die nach dem ersten Schlesischen Krieg (1742) in Schlesien integriert wurde. Im 16. Jahrhundert weitgehend protestantisch, wurde die Grafschaft nach 1622 durch die Habsburger total rekatholisiert. Trotz der starken Vernachlässigung der Altstadt nach dem Zweiten Weltkrieg blieben in Glatz zahlreiche barocke und historistische Bauten erhalten. Im Hintergrund steht das 1257 erstmals erwähnte Minoritenkloster mit seinem zweitürmigen barocken Gotteshaus.

Die einstige Residenz der Reichsgrafen von Hochberg-Pless, die Schloss Fürstenstein/Książ von 1509 bis 1945 besaßen, wurde als piastische Burg im späten 13. Jahrhundert gegründet. Die auf einem Bergrücken hoch über dem Tal der Polsnitz gelegene Anlage wurde in der Renaissance zu einem repräsentativen Schloss umgebaut und zwischen 1705 und 1742 nach Plänen von Felix Anton Hammerschmidt erheblich erweitert. Dabei wurde der mittelalterliche Bergfried in den prunkvollen Barockbau integriert. In einer letzten großen Baukampagne erhielt Fürstenstein ab 1908 seinen südwestlichen Abschluss mit einem spektakulären historistischen Anbau.

„Schlesisches Elysium“

Mit seinen dreißig Schlössern und Herrenhäusern, deren Parkanlagen insbesondere im Ostteil des Tals fast nahtlos ineinander übergehen, den malerischen Burgruinen des Kynast/Chojnik und Bolzenschlosses/Bolczów sowie des mit mittelalterlichen Wandmalereien ausgestatteten Wohnturms von Boberröhrsdorf/Siedlęcin hatte das Hirschberger Tal während seiner Blütezeit Mitte des 19. Jahrhunderts den Ruf eines „Schlesischen Elysiums" erhalten und avancierte bald zu einer der bevorzugten Sommerfrischen Preußens. Nach dem sozialistisch verordneten Dämmerschlaf konnte diese Perle unter den schlesischen Landschaften durch das Engagement von alten und neuen Bewohnern, zweisprachige Ausstellungen und zahlreiche Publikationen in den letzten Jahren in den Fokus der deutschen und polnischen Öffentlichkeit gerückt werden.

Der Talkessel, begrenzt durch das Bober-Katzbach-Gebirge/Góry Kaczawskie im Norden, im Westen durch Ausläufer des Isergebirges/Góry Izerskie, gipfelt auf der Südseite im bekanntesten Teil der Sudeten, dem Riesengebirge/Karkonosze. Dessen Name wurde häufig über den erstmals 1561 auf der Landkarte Martin Helwigs ins Bild gesetzten Berggeist Rübezahl definiert, der als ungeschlachter Riese mit Bocksbeinen, Geweih und Wanderstock dargestellt ist. Vielmehr jedoch weist der Name auf die „Risen" genannten Gleitrinnen für den Holztransport ins Tal hin, die an die einst großen Waldvorkommen des Gebirges und den extensiven Raubbau an dem hölzernen Rohstoff erinnern. Von diesem endeten ungezählte Festmeter Buchen und Kiefern in den Schwelfeuern der Köhlereien, die seit dem Mittelalter für die vielen Glashütten hier am Gebirgssaum angelegt wurden. Noch heute gilt die Region als ein Zentrum der Glasherstellung und -verarbeitung, wenn auch die großen Manufakturen, wie die traditionsreiche und weit über die Grenzen Schlesiens hinaus bekannte Josephinenhütte in Schreiberhau/Szklarska Poręba, inzwischen der weltweiten Konkurrenz erlegen sind.

Auch andere Ressourcen wurden seit dem Mittelalter ausgeschöpft. Gold, Eisenerz und andere Mineralien, auch Halbedelsteine, wurden geschürft, gesammelt und durch Stollenbau dem Berg entrissen. Auf den mineralreichen Böden wuchsen heilsame Kräuter, aus denen die so genannten „Laboranten" Arzneien und Kräutersude bereiteten. Mit Alkohol versetzt, ließ sich die findige Familie Koerner Anfang des 19. Jahrhunderts eine dieser geheimnisvollen Rezepturen als „Echt Stonsdorfer" Kräuterlikör patentieren.

Ein anderer Erwerbszweig, der Tourismus, hat die Ränder des Hochgebirges mit seinen hoch gelegenen Dörfern wie kein anderer geprägt. Kaum hatte man im 18. Jahrhundert damit angefangen, die Alpen zu erkunden und touristisch zu erschließen, begann man auch das höchste Gebirge Preußens naturkundlich zu untersuchen, zu vermessen und als landschaftlichen Höhepunkt und schlesischen Olymp in vielfältigen Reisebeschreibungen anzupreisen.

Herbstliche Stimmung im Riesengebirge/Karkonosze: Der Blick geht von Kiesewald/Michałowice bei Agnetendorf/Jagniątków zum 1471 Meter hohen Reifträger/Szrenica.

Als frühes, weithin sichtbares Zeichen der Bezwingung des Riesengebirges, das noch bis in die frühe Neuzeit nur auf wenigen Saumpfaden nach Böhmen zu überqueren war, ließ Christoph Leopold Graf von Schaffgotsch, Herr über Bad Warmbrunn und große Teile des Tales, ab 1668 die St. Laurentius-Kapelle auf dem höchsten Gipfel, der über 1600 Meter hohen Schneekoppe/Śnieżka, errichten. Jahre hatten die Bauleute gebraucht, um das Material auf den unwegsamen Pfaden und Steigen hinaufzuschleppen, aber seit der Eröffnung der Kapelle im August 1681 riss der Strom der wagemutigen Wanderer nicht ab.

Schon zu Ende des 18. Jahrhunderts entdeckten auch zahlreiche Künstler die imposante Landschaft, um Bergeshöhen, Wasserfälle und die pittoresken Felsformationen in Öl, Tusche oder Graphit zu bannen. Wenig später sorgten Romantiker wie Caspar David Friedrich oder Ludwig Richter mit ihren Gemälden, noch mehr dann die Graphiker durch eine große Menge an Lithographien und Stahlstichen in ganz Deutschland für die Verbreitung der Kunde von der Schönheit dieser Region.

Um dem Strom der Besucher Quartier zu geben, entstanden ab Anfang des 19. Jahrhunderts in den Bergdörfern Fremdenheime und Pensionen, im Gebirge anstelle einfacher, als „Bauden“ bezeichneter Hirtenhütten größere Wandererherbergen. In Begleitung bergerfahrener Führer konnten Wegeunkundige zu Fuß, auf Eselsrücken oder in sänftenartigen Tragesesseln auf die Höhen des Riesengebirgskamms gelangen. Auf diesem wurde ein Netz von Wegen angelegt, das zu der unterhalb der Veilchenkoppe/Violik entspringenden Elbquelle auf böhmischer Seite, den manchmal bis Juli vereisten Schneegruben und den tiefgründigen Wassern des großen und kleinen Teichs führt.

Im ersten Viertel des 19. Jahrhunderts entdeckte der preußische Hof auch den idyllischen Talgrund, eine von sanften Hügeln mit pittoresken Felsformationen, zahlreichen Fischteichen und spektakulären Aussichten charakterisierte Vorgebirgslandschaft, als Sommerfrische.

Unter Einfluss von Karl Friedrich Schinkel und Friedrich August Stüler wurden das verwunschene Renaissancewasserschloss Fischbach/Karpniki, das ehemalige Gut Erdmannsdorf/Mysłakowice des preußischen Generalfeldmarschalls August Graf Neidhardt von Gneisenau und das malerisch am Boberufer liegende Schildau/Wojanów in neugotischem Stil dem Zeitgeschmack angepasst und mit ausgedehnten Landschaftsgärten umgeben, die teilweise auf den preußischen Gartendirektor Peter Joseph Lenné zurückgehen. Für viele Jahrzehnte suchten die Mitglieder der Hohenzollern hier in den Sommermonaten dem strengen Hofzeremoniell der Hauptstadt zu entfliehen.

Schon bald entstanden neben den Wohnsitzen der altansässigen Adelsfamilien, wie der klassizistischen Residenz der Grafen von Schaffgotsch in Bad Warmbrunn/Cieplice-Zdrój, aus älteren Vorgängerbauten weitere moderne Landschlösser für den nachfolgenden Hofadel,

Zahlreiche bizarre Granitfelsen, die der Erosion widerstanden, überragen den Hauptkamm des Riesengebirges. Einer von ihnen, der weithin sichtbare Mittagsstein/Słonecznik, ist bereits auf der Schlesienkarte von Martin Helwig von 1561 eingezeichnet und galt unter dem Namen „Rubenzagel Nest“ als Wohnstatt des sagenhaften Berggeists Rübezahl.

Unter einem dicken Panzer aus Eis und Schnee verbirgt sich die St. Laurentius-Kapelle auf der Schneekoppe/Śnieżka, die nach 1812 säkularisiert und ab 1824 als Herberge und Gasthaus genutzt wurde. Schon 1850 der Kirche zurückgegeben, dient sie seither wieder als Gotteshaus, in dem alljährlich am 10. August das Namensfest des Kirchenpatrons begangen wird.

der es bald schon als „en vogue“ empfand, in der Nähe der königlichen Familie die Sommerfrische zu genießen.
Mit der Erschließung des Tals durch die Eisenbahn 1866 begann nun auch der Tourismus durch das städtische Bürgertum zu erblühen. Unzählige Hotels und „Fremdenpensionen“ entstanden in den neuen Luftkurorten am Saum des Riesengebirges, die bisher als unbedeutende Dörfer vorwiegend aus Glashütten und ärmlichen Bergbauernhütten bestanden, wie in Schreiberhau/Szklarska Poręba oder Krummhübel/Karpacz. In dessen Ortsteil Brückenberg/Karpaczu Górny entstand 1842 auf Initiative der Gräfin von Reden aus Buchwald mit der Wiedererrichtung der vom norwegischen Wangfjord hierher gebrachten Stabkirche des 12. Jahrhunderts eines der ungewöhnlichsten, wenngleich populärsten Baudenkmäler der Region.
Bis zum Ende des 19. Jahrhunderts hatte sich aus dem „Elysium“ eines der bevorzugten Reiseziele Preußens entwickelt, bis zu Beginn des Zweiten Weltkriegs lebte bereits ein großer Teil der Einwohner vom Fremdenverkehr.
Diese touristische Blütezeit endete mit dem Zweiten Weltkrieg, aus dem die Bau- und Kunstdenkmäler der Region nahezu ohne Schäden hervorgingen. Die traditionsreiche ehemalige Kreishauptstadt Hirschberg/Jelenia Góra verfiel langsam, die Schloss- und Parkanlagen wurden nicht mehr sinnentsprechend genutzt und, wie häufig in den Ostblockländern nach 1945, zu Schulen, Hospitälern oder Kulturhäusern umfunktioniert.
Erst seit der politischen Wende in Osteuropa beginnen nun einige staatliche und private Initiativen mit der Erforschung, Konservierung und touristischen Nutzung der Schlösser. Eine der bemerkenswertesten Initiativen hat sich vor Jahren in Lomnitz/Łomnica etabliert, wo der Enkel des ehemaligen deutschen Eigentümers das völlig ruinöse Schloss als Sitz eines Kultur- und Begegnungszentrums revitalisiert und in dem benachbarten ehemaligen Witwenhaus ein komfortables Hotel eingerichtet hat, das gleichermaßen von Deutschen wie von Polen besucht wird. In einer beispielhaften deutsch-polnischen Ausstellung kann sich der Besucher über die Geschichte dieser Schlösserlandschaft informieren.
Lomnitz ist heute einer der idealen Ausgangspunkte, um die Kulturlandschaft des Hirschberger Tals näher kennen zu lernen. Mit Tagesausflügen zu den Königsschlössern, der einstigen Kolonie der Zillertaler Glaubensflüchtlinge, denen König Friedrich Wilhelm III. auf seinem Landgut eine neue Heimat gab, der berühmten Burgruine Kynast, die sich hoch über dem Tal als einstige Grenzbefestigung und späterer Stammsitz der Grafen von Schaffgotsch erhebt, oder dem Schloss Stonsdorf/Staniszów, in dem ein polnischer Hotelier die sprich-

wörtliche Gastfreundschaft der Polen zelebriert, bietet sich hier eine breite Palette, Schlesien von seiner sehr lebendigen und freundlichen Seite zu erleben.
Dabei ist natürlich ein Ausflug in die Stadt Hirschberg, die sich mit ihren über 100 000 Einwohnern in nicht besonders hübschen Trabantenvierteln längst über den alten Stadtkern ausgebreitet hat, ebenfalls ein Muss. Deren Mittelpunkt ist der Ring mit seinen typischen Laubenhäusern. Da man nach dem Krieg der unversehrten Altstadt keinen Wert beimaß und diese in sich zusammenfallen ließ, sind die Bauten zu erheblichen Teilen Rekonstruktionen, die nach 1960 entstanden sind, wie ein Blick hinter die Fassaden schnell beweist. Das mag den auf die Gesamtwirkung fixierten Betrachter wenig stören, denn der geschlossene Kranz der Laubenhäuser des Hirschberger Rings ist sicherlich der Schönste in ganz Schlesien.
Etwas weiter außerhalb steht auch die vielleicht berühmteste, sicher aber die schönste der sechs schlesischen Gnadenkirchen. Als besondere Huldigung an König Karl XII. von Schweden nahm deren Architekt Martin Frantz, der aus dem damals schwedischen Reval/Tallin stammte, die Stockholmer Katharinenkirche zum Vorbild. Der Blick in das Innere der Kirche Zum Kreuze Christi mag ob der prunkvollen Ausstattung der heute katholischen Garnisonskirche erstaunen. Noch größer mag das Erstaunen werden, wenn man die jüngst freigelegten deutschsprachigen Zitate aus der Lutherbibel auf den Emporenbrüstungen entdeckt, die jedoch nichts anderes sind als ein Zeichen der inzwischen gelebten Toleranz und der Akzeptanz der „wahren Geschichte“ dieses Landes durch die heutige polnische Bevölkerung. Diese ermöglichte auch die Wiederaufstellung des Schildauer Tors, eines friderizianischen Stadttors in der Einkaufsmeile der Stadt, das vom preußischen Wappen und den Initialen des „Fridericus Rex“ sichtbar überragt wird.
So gibt es denn im Hirschberger Tal viel Hoffnung, dass unter den zwinkernden Augen des „Pan Liczyrzepa“, wie Rübezahl in Polen genannt wird, die Zeit des Dornröschenschlafs nun zu Ende geht und das Tal wieder seine alte Bedeutung als Zentrum des Tourismus in Schlesien erhält – und dass vielleicht, in nicht allzu ferner Zukunft, die Anstrengungen durch eine Aufnahme in das Weltkulturerbe der Unesco honoriert werden.

Der Preußenkönig Friedrich Wilhelm III. kaufte 1831 Gut Erdmannsdorf/ Mysłakowice und ließ die Anlage von Karl Friedrich Schinkel umbauen. Als bedeutendstes Werk entstand hier von 1838 bis 1840 eine Kirche, die sich in der Sichtachse zur Schneekoppe befindet. Zusammen mit der von Peter Joseph Lenné geplanten Parkanlage entstand so ein ideales Landschaftsbild. Die neugotische Umgestaltung des Anwesens (1841 bis 1844) entwarf Friedrich August Stüler, den König Friedrich Wilhelm IV. mit dieser Aufgabe betraute.

Über das Isergebirge zurück nach Görlitz

Der schönste Weg, das „Schlesische Elysium" wieder zu verlassen, führt über die Sudetenstraße, die als Kunststraße seit 1939 zum Teil durch Ausbeutung von Zwangsarbeitern angelegt wurde. Sie beginnt am südwestlichen Rand des Talkessels in Schreiberhau/Szklarska Poręba, das Ende des 19. Jahrhunderts durch seine Künstlerkolonie über die Grenzen Schlesiens hinaus bekannt war. Hier lebten zunächst auch die Brüder Gerhart und Carl Hauptmann in einem Bauernhaus, das heute als Museum und Gedenkstätte eingerichtet ist. 1901 ließ sich der jüngere und erfolgreichere Gerhart im nahe gelegenen Agnetendorf/Jagniątków das gleichfalls trutzige wie repräsentative „Haus Wiesenstein" errichten, in dem er mit der Frage „Bin ich noch in meinem Haus?" auf seinen Lippen 1946 verstarb. Heute ist das vor der Wende als Kinderheim genutzte Haus Gedenkstätte für den Nobelpreisträger Hauptmann und Begegnungsstätte polnischer und deutscher Literaten und Künstler.

Fährt man hinter Schreiberhau die schnurgerade Straße nach Bad Flinsberg/Świeradów-Zdrój entlang, trübt noch immer der Blick auf abgestorbene Fichten in den höheren Lagen die heitere Stimmung, die der Naturhungrige kurz zuvor von der „Todeskurve" mit dem prachtvollen Blick zu den Gipfeln des Hohen Rad/Wielki Szyszak oder des Reifträger/Szrenica genossen hat. Durch die Umweltverschmutzung des durch Industrie und Braunkohlekraftwerke schwer belasteten „schwarzen Dreiecks" im Grenzbereich von Polen, der Tschechoslowakei und der DDR seit den 1970er Jahren ist der Baumbestand unübersehbar gezeichnet. Den Baumschäden stehen jedoch bereits die Erfolge der Wiederaufforstungsarbeiten entgegen, die in wenigen Jahren auch diese Wunden schließen werden.

Über kleine Straßen gelangt man nun bei Marklissa/Leśna zur Queistalsperre mit der einstigen Grenzburg Tzschocha/Czocha, die im Auftrag eines Dresdner Zigarettenfabrikanten durch den Burgenbauer des letzten Kaisers, Bodo Ebhardt, großartig ausgebaut wurde und jetzt wieder besichtigt werden kann.

In Lauban/Lubań, das der Krieg leider weniger gnädig hat davonkommen lassen als das nur zwanzig Kilometer weiter westlich gelegene Görlitz, verlässt man mit der Überquerung des historischen Grenzflusses Queis das so genannte Altschlesien und gelangt wieder in die einst böhmische, seit 1635 sächsische Oberlausitz.

So nähern wir uns jetzt dem Ende unserer kleinen kulturgeschichtlichen Reise durch das Land zwischen Oder und Sudeten, hoffentlich mit der Erkenntnis, das Schlesien innerhalb Europas eine hoffnungsvolle Zukunft erwarten darf. Nach vielen Jahrzehnten der Resignation und der Verunsicherung, in denen der entwurzelten Kriegsgeneration nur die politisch indoktrinierten Thesen eines „urpolnischen Gebietes", das die Deutschen erobert hatten und das nach dem Weltkrieg „wiedergewonnen" wurde, Halt zu geben schienen, hat sich in den Nachgeborenen nun eine neue schlesische Identität herausgebildet, die polnische mit alten schlesischen Traditionen, schöpferischer Kraft und neu gewonnenem Individualismus zu verbinden sucht und dem vereinten Europa mit Neugier, Aufgeschlossenheit und offenen Armen entgegentritt. Schlesien, die alte Brücke zwischen West- und Osteuropa, wird nun wieder in alle Richtungen zu beschreiten sein.

Der Berliner Architekt Hans Griesebach entwarf das repräsentative „Haus Wiesenstein" in Agnetendorf, das Gerhart Hauptmann 1901 bezog. Die Verwendung des schwer zu bearbeitenden Granits im Sockel, den Fensterrahmungen und den Giebelbekrönungen spiegelt das gegenüber der Terrasse aufragende Massiv des Riesengebirges wider. Im Inneren empfängt den Besucher die ausgemalte „Paradieshalle" mit Szenen aus den Dramen Hauptmanns.

Arne Franke
Kunsthistoriker und Denkmalpfleger, arbeitete nach der politischen Wende als Denkmalpfleger in Görlitz. Heute freiberuflich als Bauforscher, Ausstellungsmacher und Dozent für Architekturgeschichte und Denkmalpflege tätig.

Marek Maruszak
geb. 1952 in Oppeln/Opole. Er arbeitet seit Anfang der 1970er Jahre als Fotograf; seit 1991 Mitglied des Verbandes Polnischer Kunstfotografen (ZPAF) und freischaffender Künstler.

Titelbild
Blick über das Fischbacher Tal zum Riesengebirge mit der Schneekoppe

Bibliographische Information der Deutschen Bibliothek
Die Deutsche Bibliothek verzeichnet diese Publikation in der Deutschen Nationalbibliographie; detaillierte bibliographische Daten sind im Internet über <http://dnb.ddb.de> abrufbar.

ISBN 3-8319-0253-4

Text und Bildlegenden: Arne Franke, Berlin
Fotos: Marek Maruszak, Oppeln/Opole
Lektorat: Inga Klingner, Hamburg
Gestaltung: Büro Brückner + Partner, Bremen
Lithographie: ORC Offset Repro im Centrum, Hamburg
Druck: Girzig + Gottschalk, Bremen
Bindung: S. R. Büge GmbH, Celle